HISTOIRE & ACTUALITÉ

WINSTON CHURCHILL

Résister pour un monde libre et en paix

Par Catherine Fontaine
Sous la direction de Guillaume Hairy

50MINUTES.fr

WINSTON CHURCHILL

INTRODUCTION

Winston Churchill, personnage haut en couleur, ambitieux et combatif, est considéré comme l'un des plus grands chefs d'État britanniques du siècle dernier. On le connaît principalement pour le rôle qu'il a joué en tant que Premier ministre au cours de la Seconde Guerre mondiale, alors qu'il encourageait sa nation, mais aussi l'ensemble des Alliés, à poursuivre le combat, refusant d'abandonner une valeur essentielle à ses yeux, la liberté. Mais sa carrière politique, qui s'étale sur plus de 50 ans, est bien plus vaste et toujours marquée par une volonté de fer. Si beaucoup se souviennent de lui comme d'une personnalité respectée et appréciée, son caractère lui a pourtant valu de nombreuses critiques et il a connu à plusieurs reprises des échecs cuisants qui l'ont relégué au ban de la vie politique de son temps. Il ne s'est cependant jamais déclaré vaincu, faisant toujours face à l'adversité.

Homme d'action, il est également un orateur de talent qui sait manier les mots tant à l'oral qu'à l'écrit. Preuve en est son importante production littéraire qui rassemble aussi bien des discours enflammés que des ouvrages historiques dans lesquels les faits sont accompagnés d'une solide analyse personnelle. Car Churchill a toujours veillé à jouer un rôle dans l'histoire et à forger lui-même une part de son image. C'est ainsi qu'il a marqué de son empreinte son époque et que, bien après sa mort, celui que d'aucuns surnomment « le vieux lion » continue de nous fasciner.

INFORMATIONS CLÉS

- **Naissance ?** Le 30 novembre 1874 à Woodstock (Angleterre).
- **Mort ?** Le 24 janvier 1965 à Londres.
- **Apports majeurs ?**
  - Artisan de la paix durant la Seconde Guerre mondiale (1939-1945).
  - Défenseur du prestige anglais.
  - Écrivain de talent qui a contribué à l'écriture de l'histoire et qui s'est vu décerner le prix Nobel de littérature.

BIOGRAPHIE

LA VOIE TRACÉE D'UN JEUNE ARISTOCRATE

Winston Leonard Spencer Churchill naît le 30 novembre 1874 dans le château de Blenheim, à Woodstock. Fils d'une mère américaine et d'un père descendant de la prestigieuse lignée des ducs de Marlborough, le jeune Winston Churchill grandit dans une atmosphère patricienne fastueuse et mondaine. Se sentant souvent délaissé par ses parents, trop occupés par la politique et leurs obligations sociales, il passe son enfance aux côtés de sa nourrice, Elizabeth Everest, qu'il adore.

Vers l'âge de 15 ans, Churchill doit choisir sa voie, mais pour un jeune aristocrate, les possibilités ne sont pas légion : ce sera l'Église, le droit ou l'armée. Ses résultats scolaires étant assez médiocres, son père choisit pour lui la carrière militaire et l'envoie au Royal Military College de Sandhurst. Par chance, c'est l'option qui déplaît le moins à Churchill car elle promet l'aventure qu'il recherche tant. Il s'accommode rapidement de la vie dans la caserne et obtient le grade de sous-lieutenant. En 1895, la fin de sa formation, la mort de son père, survenue alors que celui-ci n'avait que 46 ans, et celle de sa nourrice signent pour lui la sortie de l'enfance.

Il partage les années qui suivent entre sa vie de militaire et des missions de journaliste, les articles qu'il rédige lui permettant non seulement de gagner de l'argent, mais aussi de se forger une certaine réputation. Il participe aux différentes guerres coloniales anglaises en Inde, au Soudan et en Afrique du Sud.

LE DÉBUT D'UNE LONGUE CARRIÈRE POLITIQUE

À son retour d'Afrique, Churchill est accueilli en héros. Profitant de ce succès naissant, bien décidé à faire carrière en politique, il se présente aux élections législatives d'octobre 1900 et est élu député conservateur d'Oldham (Manchester). Cependant, en 1904, lorsque la question du retour au protectionnisme est à l'ordre du jour,

Churchill, en tant que fervent défenseur du libre-échange, rejoint les rangs des libéraux.

Protectionnisme économique versus libre-échange

Une politique protectionniste consiste, pour un État, à protéger ses producteurs de la concurrence étrangère. En pratique, cette mesure dissuade l'importation – notamment grâce à des frais de douane –, encourage l'exportation, privilégie les producteurs nationaux et empêche les investisseurs étrangers d'avoir une trop grande mainmise sur des entreprises nationales. Le libre-échange, au contraire, prône le commerce international, ouvrant les frontières entre les différents États pour une plus grande circulation des biens et des services, et encourageant la concurrence et le partage du travail entre les États.

En 1905, Churchill quitte le Parlement pour le Gouvernement après avoir été nommé sous-secrétaire d'État aux Colonies. En 1908, il devient président du *Board of Trade* (ministre du

Commerce et de l'Industrie) durant deux ans : âgé de 33 ans, il est le plus jeune membre que le cabinet ait compté depuis un demi-siècle. Il occupe ensuite le poste de *Home Secretary* (ministre de l'Intérieur) de 1910 à 1911. Son avancée est fulgurante et sa politique de réformes rencontre un grand succès. Sensible à la question sociale, alors que son éducation ne l'avait guère initié à cela, il est à l'origine de plusieurs propositions de loi qui imposent notamment un salaire minimum et la création de bourses d'aide à l'emploi pour les chômeurs. Il participe également au *National Insurance Act* de 1911 à la base de la sécurité sociale en Angleterre. Ces mesures lui attirent toutefois l'inimité de l'aristocratie.

ET CÔTÉ CŒUR ?

C'est également à cette époque qu'il fait la connaissance de Clementine Hozier (1885-1977), qui deviendra sa femme. Leur histoire aurait très bien pu ne pas voir le jour puisque c'est au cours d'un dîner auquel Churchill est convié in extremis, en remplacement d'un invité qui s'est désisté et pour éviter d'être 13 à table, qu'il la rencontre pour la première fois. Six mois plus tard, le 12 septembre 1908, ils se marient dans l'église de Westminster. Le couple aura cinq enfants. En 1922, après la naissance de leur dernière fille, ils achètent le manoir de Chartwell, situé dans le comté du Kent, auquel Churchill sera très attaché et où il vivra jusqu'à sa mort.

Lady Churchill est sans conteste une grande source d'équilibre et un soutien important pour son mari tout au long de sa carrière. De nature plus douce et plus tempérée, elle l'aide à modérer ses positions. Ils forment un couple solide, malgré des tensions dues à leur grande différence de caractère.

LE DÉSASTRE DE L'EXPÉDITION DES DARDANELLES

Lorsque l'héritier du trône d'Autriche, François Ferdinand (1863-1914), est assassiné par un jeune nationaliste serbe le 28 juin 1914 et que, moins d'un mois plus tard, l'Autriche lance un ultimatum à la Serbie, la situation en Europe occidentale est critique. Si la tension ne cesse de grimper au point de faire craindre la guerre, les conservateurs sont bien décidés à conserver la paix, au contraire de Churchill qui, en homme d'action, est prêt à s'engager dans le conflit. L'entrée en guerre de l'Angleterre survient le 4 août, suite au non-respect de la neutralité belge par l'Allemagne. Churchill est alors Premier lord de l'Amirauté (organe politique et administratif gérant la *Royal Navy*) et se démarque par sa volonté farouche de victoire, ce qui donnera à certains l'impression qu'il est belliqueux.

Durant la Première Guerre mondiale (1914-1918), l'événement le plus marquant pour Churchill est sa participation à l'expédition des Dardanelles, destinée à prendre le contrôle du détroit du même nom, en Turquie actuelle, un point stratégique alors aux mains de l'Empire ottoman. Mais le manque de préparation des Alliés entraîne l'échec complet de la mission, qui fait de nombreuses victimes et les contraint à retirer leurs troupes de la région. Churchill s'étant investi sans limites dans ce plan, il est tenu comme principal responsable de la défaite. En novembre 1915, fortement critiqué et ayant perdu le soutien de l'opinion publique, il est obligé de se retirer du gouvernement. Abattu, il part alors combattre sur le front occidental durant plusieurs mois.

Churchill, entre exubérance et dépression

Depuis tout jeune, Winston Churchill est sujet à la dépression. Toute sa vie durant, il traîne un profond sentiment de désespoir, un *black dog* comme il le surnomme, qui se manifeste de manière encore plus intense dans les moments d'échec, comme après la déroute des Dardanelles. Mais grâce à sa force de caractère, il apprend à vivre avec, le dissimulant derrière son apparente assurance. Ainsi, l'homme porte en lui une grande contradiction entre, d'une part, son côté exubérant et son goût pour les petits plaisirs de la vie, et d'autre part, cet enfant déprimé, à la recherche de reconnaissance.

L'entre-deux-guerres et le retour sur la scène politique

Churchill revient sur le devant de la scène politique comme ministre des Munitions en 1917, malgré de furieuses oppositions. Il devient ensuite ministre de la Guerre, de l'Air, puis des Colonies en 1921. Il prône alors une opposition ferme au bolchevisme qui sévit en Russie et souhaite qu'on y mène une intervention, au contraire de son Premier ministre.

Le bolchevisme

En février 1917, après deux ans de guerre, la Russie est fortement affaiblie. Des émeutes ont lieu et le tsar est contraint d'abdiquer. Dans la confusion générale, le Parti bolchévique se démarque par la fermeté de ses positions et profite de la faiblesse du Gouvernement provisoire pour tenter un coup d'État (la révolution d'Octobre). Lénine (1870-1924), qui prend la tête du pays, met fin à la guerre avec l'Allemagne et instaure un régime de terreur. Alors que des troupes françaises, britanniques et américaines viennent prêter main-forte aux contre-révolutionnaires russes qui s'opposent à lui, il parvient à conserver le pouvoir et la situation russe ne cesse de se dégrader. La répression sera plus dure encore avec son successeur, Staline (1878-1953). L'Occident ne peut approuver un régime aussi antidémocrate qui, de plus, tente de rassembler les pays de l'Est sous sa coupe.

La ténacité et la fougue avec lesquelles il s'oppose au bolchevisme le placent en marge des libéraux. C'est pourquoi il retourne en 1924 du côté des conservateurs comme député, puis comme chancelier de l'Échiquier (ministre des Finances) – la fonction la plus importante après celle de Premier ministre – du cabinet de Stanley Baldwin (1867-1947) jusqu'en 1929. Il poursuit sa politique sociale et propose certaines mesures telles qu'un ajustement des impôts en faveur des plus pauvres, ainsi qu'une amélioration des assurances sociales. Mais, au sortir de la guerre, la situation économique de l'Angleterre n'est pas brillante. En outre, son manque de connaissance sur le sujet le pousse à prendre de mauvaises décisions, à l'instar du retour à l'étalon-or – pour lequel il a toutefois consulté plusieurs spécialistes avant de se prononcer – qui engendre une déflation importante et une baisse des salaires.

L'ÉTALON-OR

Le système de l'étalon-or est un système monétaire basé sur l'or, dont la valeur ne varie pas. L'équivalence entre deux monnaies différentes est calculée sur la base de la valeur de ce métal précieux et les taux de change sont donc stables.

En 1929, la défaite des conservateurs l'oblige à nouveau à se retirer de la vie politique. Il se consacre alors à ses grandes passions : la peinture, l'écriture et l'histoire. C'est en juin 1915, alors qu'il était en pleine dépression, que Churchill a découvert les joies de la première. Ce passe-temps est ensuite rapidement devenu une activité salvatrice : la concentration qu'elle requiert lui fournit un remède au désespoir et au surmenage jusqu'à la fin de sa vie. Il réfléchit d'ailleurs lui-même à cette démarche et aux bienfaits qu'elle lui procure, et rassemble ses pensées dans un essai, *Painting as a Pastime* (1932). Ses tableaux, représentant le plus souvent des paysages, révèlent un certain talent, ce qui l'amène à en exposer quelques-uns dans des salons, notamment sous le nom de Charles Morin, un peintre décédé peu de temps auparavant et dont l'œuvre présente des similarités avec la sienne. Longtemps jugée médiocre, la production picturale churchillienne a été réhabilitée à la fin du XXe siècle, notamment à travers l'exposition qui lui a été consacrée à Londres en 1998.

LA SECONDE GUERRE MONDIALE : L'APOGÉE DE SA CARRIÈRE

Le 1er septembre 1939, la Pologne est envahie par l'Allemagne nazie. L'Angleterre, garante des frontières polonaises, lui lance un ultimatum, mais Adolf Hitler (1889-1945) refuse de retirer ses troupes du pays. Deux jours plus tard, l'Angleterre entre en guerre, bientôt suivie par d'autres grandes puissances européennes.

Churchill, pourtant très impopulaire, est rappelé au Gouvernement comme Premier lord de l'Amirauté. Il reprend son poste avec plaisir et mobilise toute son énergie pour cette cause. De son côté, le Premier ministre Neville Chamberlain (1869-1940), qui ne semble pas taillé pour diriger un pays en guerre, démissionne en mai 1940. Churchill, qui présente davantage le profil de leader nécessaire à cette mission, lui succède. Il devient rapidement la figure de proue des Alliés, encourageant non seulement ses compatriotes mais également les autres belligérants dans le combat qu'ils mènent ensemble contre l'Allemagne, et galvanisant la résistance. Le discours qu'il prononce à la Chambre des communes le 4 juin 1940 illustre bien son esprit combatif et sa volonté de ne jamais fléchir :

> « Même s'il faut des années, même si nous sommes seuls [...], nous ne faiblirons pas, nous ne faillirons pas. Nous tiendrons jusqu'au bout, [...] nous nous battrons sur les mers [...], nous nous battrons dans les airs avec une confiance et une force croissantes, nous défendrons notre île quel qu'en soit le prix [...] ; nous ne nous rendrons jamais. »
> (CHURCHILL (Winston), *Discours de guerre*, Paris, Tallandier, 2009, p. 87-89)

Churchill apparaît réellement comme l'homme de la situation. Considérant qu'il s'agit là de sa destinée, il veut être présent sur tous les fronts et s'appuie sur les médias pour qu'ils diffusent largement son image, le dotant ainsi d'une aura légendaire.

L'APRÈS-GUERRE ET LE DÉCLIN

Une fois la guerre terminée, le Gouvernement de coalition formé par Churchill n'a plus de raison d'être. Il est donc dissous. Un Gouvernement conservateur de transition se charge alors d'organiser des élections, que Churchill espère remporter afin de récupérer de manière officielle le pouvoir qu'il avait gagné par les circonstances en 1940. Mais il axe sa campagne électorale sur le rôle qu'il a joué durant les cinq dernières années, alors que le Parti travailliste opte pour un programme basé sur la reconstruction de la société, ce qui rencontre davantage les espoirs des électeurs. Vaincu une nouvelle fois, il est relégué dans l'opposition.

Écarté du pouvoir, Churchill se donne pour mission d'analyser la situation actuelle sur la base de sa longue expérience dans le but de conserver une Europe unie. Il soulève alors le danger que représente le totalitarisme de l'URSS, qui menace la paix internationale, et contre lequel il met le monde en garde, notamment lors d'un célèbre discours prononcé à Fulton (États-Unis) le 5 mars 1946 : « De Stettin sur la Baltique à Trieste sur l'Adriatique, un rideau de fer s'est abattu sur le continent européen. » (Bédarida (François), *Churchill*, Paris, Fayard, 1999, p. 429)

Le « rideau de fer »

L'expression « rideau de fer » est en réalité antérieure au discours de Churchill. Elle est déjà utilisée durant les années vingt en URSS par une politicienne britannique pour désigner les limites occidentales du territoire bolchevique, puis en 1940 par le ministre roumain des Affaires étrangères, dont le pays est victime de l'alliance entre Hitler et Staline. Churchill lui-même l'a mentionnée à plusieurs reprises, dans deux télégrammes au président américain Harry Truman (1884-1972) les 12 mai et 4 juin 1945, et lors d'une prise de parole à la Chambre des communes le 16 août de la même année.

En octobre 1951, les élections législatives remettent les conservateurs et leur leader, Churchill, au pouvoir. Contrairement à ce que certains prétendent, le vieux lion est toujours capable de diriger un gouvernement. La situation de l'Angleterre s'est redressée, ce qui lui permet de se consacrer à la politique extérieure et, plus particulièrement, à trois points qui lui tiennent à cœur : l'amélioration des contacts avec les États-

Unis, la décolonisation et la détente avec le bloc de l'Est afin d'instaurer une paix internationale.

Malgré un début de mandat positif, Churchill reste fortement critiqué et, sans grand combat à mener, il n'apparaît plus comme l'homme de la situation. En outre, en 1955, son état de santé se dégradant, il décide de céder sa place à Anthony Eden (1897-1977) et retourne à nouveau à ses deux passions que sont l'écriture et la peinture. Mais avant de quitter son poste, il reçoit de la reine d'Angleterre le titre le plus élevé des ordres de chevalerie, celui de la Jarretière.

Churchill meurt le 24 janvier 1965 des suites d'une hémorragie cérébrale. Jusqu'au bout, il aura été un homme de caractère, n'épargnant rien ni personne. Nombreux sont ceux qui lui rendent hommage lors de ses obsèques nationales.

Le saviez-vous ?

Avant Churchill, seuls quatre roturiers anglais ont eu droit à des funérailles nationales : l'amiral Horatio Nelson (1758-1805), l'homme politique William Pitt le Jeune (1759-1806), le premier duc de Wellington

(1769-1852), vainqueur de Napoléon Ier (1769-1821) à Waterloo, et le Premier ministre William E. Gladstone (1809-1898). Churchill a été le seul à bénéficier de ce privilège au XXe siècle.

CONTEXTE

LE SYSTÈME POLITIQUE ANGLAIS

En Angleterre, jusqu'en 1900, le pouvoir est partagé entre le Parti conservateur et le Parti libéral, qui siègent tour à tour à la tête du Parlement. Mais au tournant du XXe siècle apparaît le Parti travailliste, qui gagne progressivement de l'importance au point de prendre le dessus sur le Parti libéral à partir des années vingt. Le système de scrutin qui a cours à cette époque – le scrutin uninominal majoritaire à un tour – rend les gouvernements de coalition rares : les électeurs ne peuvent en effet voter que pour un seul candidat parmi une liste, ce qui donne généralement une large majorité à l'un des partis. Malgré leur importance dans la politique anglaise, Churchill n'adhère véritablement à aucun parti, changeant plusieurs fois d'obédience selon les circonstances et suivant la faction la plus à même à défendre ses convictions.

Le pouvoir législatif appartient au Parlement, formé par la Chambre des lords et par la

Chambre des communes. Le pouvoir exécutif, quant à lui, est aux mains du Gouvernement, présidé par le Premier ministre, entouré de son cabinet composé de 22 ministres. Les membres du Gouvernement siègent également dans l'une des deux Chambres.

LA FIN DE L'ANGLETERRE ARISTOCRATIQUE

Churchill vit à une époque charnière. Né dans une famille aristocratique, il a été éduqué suivant les valeurs de la vieille Angleterre, où on accordait une grande importance à la puissance terrienne et à l'économie agricole. Mais la première révolution industrielle (1750-1850) a bouleversé le paysage social anglais et, dès le XIXe siècle, la classe ouvrière, aux antipodes de l'aristocratie foncière, prend de l'ampleur, renforcée par une explosion démographique. Les travailleurs, qui se concentrent dans les villes, là où se trouvent les usines, souhaitent atteindre le niveau de vie des bourgeois alors qu'ils ne disposent pas des mêmes moyens. L'importance que prend peu à peu cette nouvelle classe dans la sphère sociale et son désir d'exprimer ses revendications amènent la société à se démocratiser et signent la fin de l'Angleterre aristocratique.

En outre, alors qu'elle était, au XIXe siècle, la première puissance industrielle mondiale, au siècle suivant, l'Angleterre est devancée par les États-Unis et rattrapée par l'Allemagne. Si elle suivait jusque-là une politique qualifiée de « splendide isolement », consistant à se tenir à l'écart des affaires internationales et à se concentrer sur les intérêts de la nation, la contestation de la supériorité anglaise la force à revoir ses positions et à se tourner davantage vers les autres pays.

LA FIN DE L'IMPÉRIALISME BRITANNIQUE

Churchill connaît un autre grand changement au cours de sa vie. Lorsqu'il naît, l'Angleterre est une importante puissance coloniale dont l'empire s'étend jusqu'en Inde, au Canada, en Australie et en Nouvelle-Zélande, mais aussi sur le continent africain. Ces nombreux territoires, qui disposent pour la plupart d'un accès à la mer, lui confèrent un avantage certain sur le plan international. Sa puissance navale est incontestable, ce qui explique l'importance que les Britanniques accordent à la *Royal Navy* et le prestige qui accompagne le poste de Premier lord de l'Amirauté.

Mais au lendemain de la Seconde Guerre mondiale, le monde connaît un processus de décolonisation général, et l'Angleterre figure parmi les premières nations à se détacher de ses colonies. Ce sera d'ailleurs l'un des sujets au cœur du second mandat de Churchill qui souhaite maintenir la puissance internationale de sa patrie.

TEMPS FORTS

LE CARACTÈRE D'UN BATTANT

Homme de combat au tempérament fougueux et souvent imprévisible, Winston Churchill a connu de nombreuses réussites, mais également de cuisants échecs. Ses trois essais pour entrer à l'école militaire, la débâcle de l'expédition des Dardanelles ou encore ses multiples retraites forcées de la scène politique ne sont que les exemples les plus marquants des obstacles qui se sont dressés sur sa route. Mais l'homme a toujours trouvé la force de se relever, mû par une volonté de fer. « N'abandonnez jamais [...] rien sauf quand l'honneur et la raison l'exigent. » (extrait du discours prononcé le 29 octobre 1941 à la Harrow School, cité dans CHURCHILL (Winston), *Discours de guerre*, Paris, Tallandier, 2009, p. 259)

UN CORRESPONDANT DE GUERRE AU GRAND COURAGE

Dès son plus jeune âge, Churchill recherche l'action et l'aventure. Convaincu que pour réussir en politique, il faut d'abord briller sur les champs de bataille, il saisit toutes les occasions qui se présentent à lui. Envoyé en Inde en 1896 dans le poste reculé de Bangalore, il y mène une vie tranquille de garnison qui ne lui convient guère. Il demande alors à être muté au Nord-Ouest du pays où a lieu la répression des tribus indigènes. C'est en tant que correspondant de guerre qu'il s'y rend, ce qui ne l'empêche pas de prendre part aux combats, lors desquels il s'illustre par son intrépidité et son courage.

Apprenant qu'une expédition anglo-égyptienne se prépare pour conquérir le Soudan depuis l'Égypte, il demande à y participer et embarque pour l'Afrique où il participe à la bataille d'Omdurman (2 septembre 1898), de laquelle l'alliance anglo-égyptienne sort victorieuse.

En 1899, c'est en Afrique du Sud, où, suite à la découverte de mines d'or, la situation devient explosive, que Churchill part pour défendre les intérêts de sa patrie. Il se rend au Cap afin de couvrir les combats comme correspondant de guerre pour *The Morning Post*, mais, à peine arrivé, il est fait prisonnier par les Boers. Parvenant à s'évader après un mois de captivité, il transmet à son journal le récit de ses aventures et se rend au Mozambique pour rejoindre le régiment de cavalerie légère sud-africaine en tant que lieutenant. Sa bravoure sur le champ de bataille, qui vient s'ajouter à son évasion héroïque, lui forge une solide réputation. À son retour en Angleterre en juillet 1900, il décide de profiter de sa notoriété nouvellement acquise pour lancer sa carrière politique sous de meilleurs auspices qu'avant son départ – il avait en effet échoué à se faire élire député.

La guerre des Boers (1899-1902)

Dans sa volonté de dominer le continent africain, l'Angleterre se heurte aux États boers du Transvaal et de l'Orange, gouvernés par les descendants des premiers colons hollandais venus s'installer sur ces terres. La découverte d'importantes mines d'or en 1886 suscite encore plus la convoitise de l'Angleterre. Après des années de négociations et de tentatives de pression sur les États boers, la guerre éclate le 11 octobre 1899. Les Britanniques sont contraints d'employer les moyens forts pour faire face aux tactiques de guérilla utilisées par leurs adversaires. Au bout de trois ans de lutte, ceux-ci finissent par capituler, après avoir perdu de nombreux hommes. Le 31 mai 1902, ils signent le traité de Vereeniging par lequel ils reconnaissent la souveraineté de l'Angleterre, mais qui leur concède tout de même un gouvernement autonome ainsi que des garanties politiques et économiques.

UN PREMIER MINISTRE DANS LA TEMPÊTE

Retiré du pouvoir à partir 1929, Churchill connaît une longue traversée du désert pendant laquelle il ne manque pas de suivre l'actualité politique et les affaires étrangères. Dès 1933, il pressent que l'accession au pouvoir d'Hitler aura des conséquences décisives sur les relations internationales et s'en montre très inquiet. Il se fait dès lors le défenseur du réarmement afin de garantir la sécurité collective, mais peu lui accordent de l'intérêt. Alors que le Führer fait de l'Allemagne un État totalitaire, le Premier ministre, Neville Chamberlain, continue de mener une politique d'*appeasement* (politique veillant en premier lieu à préserver la paix). Celle-ci l'amène à réaliser des concessions de plus en plus importantes pour éviter le conflit, allant jusqu'à refuser d'intervenir dans le *blitzkrieg* (« guerre éclair ») mené par Hitler dans les pays de l'Est. L'entrée des Allemands à Prague en mars 1939 vient confirmer les mises en garde de Churchill pour qui la politique d'*appeasement* n'a plus sa place dans le contexte international de l'époque. Par sa clairvoyance, il obtient un soutien grandissant.

Les événements se précipitent lorsque, le 3 septembre 1939, l'Angleterre et la France déclarent la guerre à l'Allemagne suite à l'invasion de la Pologne. Le jour même, Chamberlain comprend la nécessité de faire revenir Churchill au gouvernement et le nomme Premier lord de l'Amirauté, poste qu'il occupait lors de la Première Guerre mondiale. À ce moment, Chamberlain est encore confiant quant à l'issue du conflit : il imagine une guerre courte, sans affrontement direct, pensant que l'Allemagne comprendra rapidement qu'elle ne peut rivaliser avec l'Angleterre et la France. Seul Churchill considère que le pays est véritablement entré en guerre et encourage chacun à se lever pour la victoire.

« Winston is back »

On raconte que, lors du retour de Churchill à la tête de la flotte britannique, le message « Winston is back » aurait été envoyé à tous les navires. Mais ce télégramme n'a jamais été retrouvé, et beaucoup pensent qu'il n'a jamais existé. Il ne s'agirait donc là que d'une légende inventée par les marins qui admiraient le personnage.

En avril 1940, l'Allemagne décide d'envahir le Danemark et la Norvège, dont la position stratégique lui donnerait un avantage certain, notamment grâce à son accès à la mer qui lui permettrait de protéger ses cargaisons de minerai de fer en provenance de Suède, indispensables à l'économie de guerre. Les troupes franco-britanniques présentes en Norvège sont contraintes de se retirer à la fin du mois, même si les combats se prolongent encore dans cette région d'Europe. L'échec des Alliés à protéger ces territoires discrédite le Premier ministre britannique, dont l'âge avancé posait déjà question. Au début du mois de mai, sur la base de cette affaire, le Gouvernement se réunit pour définir ce qu'il convient de faire. Alors que la succession est envisagée, de nombreux députés soutiennent Edward Wood (1881-1959), comte d'Halifax. Mais celui-ci refuse le poste et, comme les travaillistes ne veulent pas intégrer un Gouvernement de coalition dirigé par Chamberlain, il ne reste que Churchill pour prendre la relève, et ce malgré la méfiance qu'il suscite. Au début de son mandat, il est donc loin de faire l'unanimité et il lui faudra plusieurs semaines pour obtenir le soutien des conservateurs. Mais lui-même semble très sûr de lui : « J'avais enfin l'autorité nécessaire pour donner des directives sur la scène toute entière. J'eus le sentiment de marcher avec le destin, et que toute ma vie passée n'avait été qu'une préparation à cette heure et à cette épreuve. » (cité dans CALDER (Angus), *L'Angleterre en guerre. 1939-1945*, Paris, Gallimard, 1972, p. 89)

Le lendemain de sa nomination, il forme un Gouvernement de coalition visant à représenter l'union du pays dans le conflit. Le discours qu'il prononce ce jour-là devant la Chambre des communes manifeste la combativité et l'inébranlable désir qui animent le nouveau chef du Gouvernement : « Je n'ai rien à offrir que du sang, du labeur, des larmes et de la sueur. » (Churchill (Winston), *Discours de guerre*, Paris, Tallandier, 2009, p. 53)

Churchill et la France, une grande histoire d'amour

Churchill est un grand francophile. À l'école, les cours de français et d'histoire étaient les seuls qui suscitaient réellement son intérêt. Cet amour pour la France est encore visible durant la Seconde Guerre mondiale dans la confiance totale que Churchill accorde à l'armée française. Lorsqu'en mai 1940, la situation s'avère critique sur le continent, il fait tout ce qui est en son pouvoir pour soutenir le moral des Alliés : il se rend plusieurs fois en France, demande de l'aide au président américain Franklin Roosevelt (1882-1945), imagine toutes sortes de plans pour changer la tendance et se dit même prêt à continuer la guerre depuis le Canada si la France et l'Angleterre venaient à être battues. Même après que la France a signé l'armistice le 16 juin, il ne l'abandonne pas et incite le peuple à poursuivre son combat : « [...] Français ! Reprenez vos esprits avant

> qu'il ne soit trop tard ! [...] Jamais je ne croirai que l'âme de la France est morte. Jamais je ne croirai qu'elle a perdu pour toujours sa place parmi les plus grandes nations du monde. [...] Aussi ayez confiance, et gardez espoir [...]. » (discours radiodiffusé du 21 octobre 1940, cité dans Churchill (Winston), *Ibid.*, p. 170-175)

C'est pendant la période qui sépare le mois de mai 1940, alors que l'Angleterre résiste seule face à l'Allemagne nazie, au mois de décembre 1940, qui voit l'entrée en guerre des États-Unis après l'attaque de Pearl Harbor, que Churchill connaît son heure de gloire. Il s'agit pourtant d'une période particulièrement éprouvante pour le pays qui paie cher le coût de sa résistance et perd de nombreux civils dans les bombardements qui surviennent lors de la bataille d'Angleterre (août-octobre 1940). Mais la *Royal Air Force* est résolue à ne pas se laisser faire et réplique avec puissance aux attaques allemandes. Le Premier ministre parvient à rassembler le peuple autour de lui. Même s'il n'aime pas particulièrement la guerre, et encore moins la guerre moderne qu'il trouve sale, il s'avère être efficace dans les situations de combat, notamment grâce à son expérience militaire. En outre, il assume entièrement ses actions et parvient à transmettre ses ordres avec clarté. Ayant conscience d'écrire une page de l'histoire, il comprend toute l'urgence de la situation et pense être le seul à pouvoir sauver son pays. Peu s'opposent à lui, à l'exception de quelques anciens partisans de l'*appeasement*.

Seul, il est toutefois difficile de tenir tête face aux forces de l'Axe (alliance formée par l'Allemagne et l'Italie). En 1941, Churchill se tourne alors vers les États-Unis et le président Roosevelt pour trouver du secours. De plus, malgré l'aversion que porte Churchill à l'égard des bolcheviks, il sait qu'il ne vaincra pas le IIIe Reich sans l'aide du géant russe, avec lequel il passe des accords en 1942. C'est grâce à ces deux grands alliés et aux missions réalisées avec l'aide de tous les belligérants que l'Allemagne est finalement vaincue le 8 mai 1945.

Peu avant février, Roosevelt, Staline et Churchill se retrouvent à la conférence de Yalta pour réfléchir à l'après-guerre, mais l'éviction de Churchill ne lui permet pas de prendre part aux dernières discussions.

Réunion emblématique entre Winston Churchill, Franklin D. Roosevelt et Staline à la conférence de Yalta.

UN AUTEUR PROLIFIQUE

Écrivain en plus d'être un orateur hors pair, malgré des problèmes d'élocution (il prononçait difficilement la lettre « s »), Churchill a commencé à écrire très tôt. Son premier ouvrage,

The Story of the Malakand Field Force (1898), raconte les péripéties du corps expéditionnaire dont il a fait partie en Inde durant la répression des tribus indigènes.

Toute sa vie, il continue à écrire, s'attachant particulièrement à l'histoire. Il est l'auteur de plusieurs ouvrages traitant de faits historiques, entre autres en rapport avec la Première Guerre mondiale, comme c'est le cas de *The World Crisis* (cinq volumes, 1923-1931), ou la Seconde Guerre mondiale, par exemple *The Second World War* (six volumes, 1945-1953), rédigés avec l'assistance d'une équipe de chercheurs et de rédacteurs et qu'il envisage comme un matériau pour les futurs historiens. Il s'est également intéressé à la petite histoire, en rédigeant notamment la biographie de son père, éditée en 1906 sous le titre *Lord Randolph Churchill*, ou celle de son ancêtre, John Churchill Spencer, *Marlborough : His Life and Times*, publiée entre 1933 et 1938. Sa carrière d'auteur est couronnée en 1953 par le prix Nobel de littérature. Notons qu'il a été cité pour la première fois parmi les potentiels candidats au prix Nobel en 1946, à la fois pour le prix de littérature et de la paix. Lorsqu'il est finalement choisi en 1953, alors qu'entre-temps il a retrouvé son poste de Premier ministre, son élection contrevient à une règle tacite du jury, à savoir celle de ne pas entrer dans le jeu politique. Retenu à cause de sa fonction, c'est son épouse qui se déplace pour recevoir la récompense et lire son discours.

RÉPERCUSSIONS

L'héritage que Churchill nous a laissé est finalement fort centré sur sa personne. On se remémore en effet d'abord le personnage avant ses actions. Pourtant, certaines ont eu des conséquences importantes. Il y a bien sûr la victoire contre l'Allemagne nazie, dans laquelle il a sans nul doute joué un rôle décisif. Outre son art de galvaniser les troupes alliées et sa capacité à redonner espoir même dans les situations désespérées, il a mis en place quelques stratégies payantes. À travers lui, c'est aussi l'Angleterre, seul pays à ne pas avoir connu l'Occupation, qui a acquis une image forte de territoire imprenable.

À l'échelle nationale, il a permis d'améliorer les conditions de vie du peuple anglais grâce à différentes mesures prises au cours de ses mandats. Alors qu'il mène une vie aisée à l'opposé de celle que connaît la classe ouvrière, il est pourtant sensible à sa cause.

C'est surtout à la fin de sa vie qu'il réfléchit consciemment à ce qu'il souhaite laisser. Dans ce but, il s'assigne deux grandes missions. La première consiste à éclairer ses contemporains grâce à son expérience d'homme d'État et à son discernement. C'est ainsi qu'il met le monde en garde contre l'URSS et la possibilité d'une troisième guerre mondiale, et qu'il encourage la formation d'une Europe unie. Cette idée apparaît d'ailleurs assez tôt dans sa carrière : il défend en effet la position d'Aristide Briand (homme politique français, 1862-1932) quant à la nécessité de mettre en place une collaboration internationale dès l'entre-deux-guerres. Il pense toutefois que, même si « [elle] est avec l'Europe, [l'Angleterre n'en fera pas pleinement] partie » (BÉDARIDA (François), Churchill, Paris, Fayard, 1999, p. 431). Son idée de paix internationale s'insère d'ailleurs dans une vision impérialiste héritée de son éducation selon laquelle la paix n'est possible qu'avec un équilibre entre les grandes puissances.

La seconde mission qu'il se fixe est de participer à l'écriture de l'histoire du XXe siècle. À travers ses nombreux ouvrages, on découvre une synthèse des grands événements qui ont eu lieu à son époque, accompagnée de documents inédits, mais aussi d'un fort parti pris. Il créé une historiographie qui lui est propre, fortement axée sur les grands hommes qui, à ses yeux, ont fait l'histoire.

Si, au final, certains ont le sentiment que la marque laissée par Churchill est assez mince, c'est peut-être parce qu'il n'a pas eu l'occasion de participer à la reconstruction de l'Europe après les deux guerres mondiales, ratant ainsi l'occasion de faire passer ses idées au moment propice. Il apparaît surtout comme un homme de circonstance, efficace au cœur de l'action, mais que son impétuosité et son inconstance n'incitent pas à écouter en d'autres circonstances.

EN RÉSUMÉ

1874
30 nov. : Naissance de Churchill

1908
Churchill est président du Board of Trade

1914
Début de la Première Guerre mondiale
Churchill est nommé Premier lord de l'Amirauté

1917
Churchill se retire du Gouvernement

1918
Fin de la Première Guerre mondiale

1924
Churchill est chancelier de l'Échiquier

1939
Début de la Seconde Guerre mondiale

1940
Churchill devient Premier ministre

1945
Fin de la Seconde Guerre mondiale

1951
Churchill est réélu

1955
Churchill cède la place à Anthony Eden

1965
24 janv. : Décés de Churchill

- Winston Churchill naît le 30 novembre 1874. Lui qui défendra tout au long de sa carrière la société démocratique grandit au sein d'une famille aristocratique anglaise.
- Après avoir fait ses classes militaires, Churchill participe aux grandes batailles coloniales de la fin du XIXe siècle en Inde, au Soudan et en Afrique du Sud. Il se révèle être un homme taillé pour l'action, très efficace dans les situations de combat et remarquable par sa témérité.

- De retour en Angleterre en 1900, il se lance dans la politique, pour une carrière qui durera plus de 50 ans, marquée par de grands succès, mais également pas d'importants échecs qui lui vaudront d'être écarté un temps de la vie politique. Il commence comme simple député et gravit rapidement les échelons du pouvoir.
- Au déclenchement de la Première Guerre mondiale, il est nommé Premier lord de l'Amirauté et se voit attribuer la direction de la *Royal Navy*. Mais l'échec de l'expédition des Dardanelles, qu'il a soutenue avec véhémence, lui incombe et précipite sa chute. Il se retire du Gouvernement jusqu'en 1917.
- Nommé à nouveau Premier lord de l'Amirauté au début de la Seconde Guerre mondiale, avant d'accéder au poste de Premier ministre, Churchill s'illustre comme l'une des figures emblématiques du conflit. La combinaison de son sens stratégique et de son art oratoire fait de lui le fer de lance des Alliés.
- Mais la fin de la Seconde Guerre mondiale annonce à nouveau son retrait de la scène politique. Il faudra attendre 1951 pour qu'il revienne sur le devant de la scène. Durant son second mandat, il œuvre principalement

pour une détente internationale, même s'il est freiné en cela par les deux géants soviétique et américain.

- Sa santé déclinant peu à peu, il est contraint de céder sa place en 1955, soit avant la fin de son mandat, à Anthony Eden.
- Ses longues traversées du désert sont l'occasion pour lui de se livrer entièrement à deux de ses passions : la peinture et l'écriture. Si la première lui fournit un exutoire, la seconde lui permet de laisser une empreinte dans l'histoire comme il le souhaitait si ardemment.
- Il meurt le 24 janvier 1965, laissant derrière lui l'image d'un homme de volonté, au caractère bien trempé. Mais on se souvient surtout de Churchill comme d'un homme entier, avec de grands idéaux, qui savait où il voulait aller et avait la faculté, par ses dons d'orateur et son charisme, d'entraîner les foules à sa suite.

Votre avis nous intéresse !
Laissez un commentaire sur le site de votre librairie en ligne et partagez vos coups de cœur sur les réseaux sociaux !

POUR ALLER PLUS LOIN

SOURCES BIBLIOGRAPHIQUES

- Bédarida (François), *Churchill*, Paris, Fayard, 1999.
- Broquet (Hervé), Lanneau (Catherine) et Petermann (Simon), *Les 100 discours qui ont marqué le XX*e *siècle*, Waterloo, André Versaille, 2008, p. 191-196.
- Calder (Angus), *L'Angleterre en guerre. 1939-1945*, Paris, Gallimard, 1972.
- Chastenet (Jacques), *Winston Churchill et l'Angleterre du XX*e *siècle*, Paris, Fayard, 1965.
- Churchill (Winston), *Discours de guerre*, Paris, Tallandier, 2009.
- Lépée (Denis), *Winston Churchill. Les 50 plus belles histoires de Winston Churchill*, Île de France, Timée-Éditions, 2004.
- Mourre (Michel), « Churchill, sir Winston Leonard Spencer », in *Le petit Mourre. Dictionnaire de l'histoire*, Paris, Larousse, 1998, p. 204.

SOURCES COMPLÉMENTAIRES

- Alkon (Paul K.), *Winston Churchill's Imagination*, Lewisburg, Bucknell University Press, 2006.
- Assouline (Pierre), *À la recherche de Winston Churchill*, Paris, Perrin, 2015.
- Churchill (Winston), *My Early Life*, Londres, Thornton Butterworth, 1930.
- Churchill (Winston), *Triomphe et Tragédie : mémoires de guerre*, Paris, Éditions Rombaldi, 1969.
- Churchill (Winston) et Churchill (Clémentine), *Conversations intimes. 1908-1964*, Paris, Tallandier, 2013.
- D'Este (Carlo), *Warlord: a Life of Winston Churchill at War. 1874-1945*, New York, Harper Collins, 2008.
- Enright (Dominique), *Les sautes d'humour de Winston Churchill*, Lausanne, Payot, 2014.
- Ferney (Frédéric), *Tu seras un raté mon fils ! Churchill et son père*, Paris, Albin Michel, 2015.
- Kersaudy (François), *Winston Churchill : le pouvoir de l'imagination*, Paris, Tallandier, 2009.

SOURCE ICONOGRAPHIQUE

- Winston Churchill, Franklin D. Roosevelt et Staline à la conférence de Yalta. La photo reproduite est réputée libre de droits.

FILM ET DOCUMENTAIRES

- *Un jour dans l'Histoire : Churchill. Le Poids du père*, émission radio de Laurent Dehossay, RTBF-La Première, Belgique, 22 janvier 2015.
- *Retour aux sources : Churchill, un géant dans le siècle*, émission télévisée d'Élodie de Sélys, Belgique, 2 mai 2014.
- *Winston Churchill : Walking with Destiny*, film de Richard Trank, avec Ben Kingsley, Bryan McArdle et Doron Avraham, États-Unis, 2010.

BÂTIMENTS COMMÉMORATIFS

- Blenheim Palace, Oxfordshire (Grande-Bretagne).
- Churchill War Rooms, rattaché à l'Imperial War Museum, Londres.
- Le manoir de Chartwell, Kent (Grande-Bretagne).
- Le National Churchill Museum, à Fulton dans le Missouri (États-Unis).
- La statue le représentant au Parliament Square, Londres.

www.50minutes.fr

ISBN ebook : 978-2-8062-6428-2
ISBN papier : 978-2-8062-6429-9
Dépôt légal : D/2015/12603/194
Photo de couverture : *Winston Churchill* (1942), Library of Congress, Reproduction number LC-USW33-019093-C. Domaine public

Conception numérique : Primento, le partenaire numérique des éditeurs